Meine Heimat ist die Welt. Mea patria est orbis.

Copyright: Hartmut Moreike
Ahrensfelde 2020
Herstellung und Verlag: BoD - Books on Demand,
Norderstedt
ISBN: 978-7519-2506-8

WELTENBUMMELEI

LYRIK

HARTMUT MOREIKE

Weltenbummler im Gras

Auf dem Rücken zu liegen,
im Gras sich zu wiegen,
in den Himmel zu starren,
einfach der Dinge zu harren,
sich nur treiben zu lassen,
dabei die Welt erfassen,
an deine Küsse zu denken,
wie an teuren Geschenken,
nie den Sommer zu vergessen
in dem wir uns besessen.

Fremdsprache

In vielen Sprachen
kann ich sagen:
Ich liebe Dich!

Um Liebe zu machen
ohne Fragen
reicht das aber nicht.

Damit gedeiht
Korn auf dem Feld
und Lachen der Kinder
und die Liebe auch,
braucht Frieden die Welt.

Für eine Welt ohne Streit
lernen wir ein Wort,
das wir vorantragen
in jeden Ort:
englisch peace
und französisch paix,
Schalon hebräisch
und auf russisch MIR
und wenn wir lieben,
kämpfen wir dafür!

St. Petersburg, so kühl wie schön

Weiße Nächte
hoch im Norden,
wo sonst Statuen erfrieren,
sitzen hier in lauer Nacht
Liebespaare auf den Stufen
des granitnen Newakais.

Peters Schöpfung
ist verzaubert
von der lichten Dämmerung
und ich frag mich:
Ist es Nacht oder schon Tag
unter duftger Linden Pracht.

Und die Sterne
blass am Himmel
sehen auf dem Boulevard des Newski
birkengleiche Mädchen
streben hin zu Puschkins Garten.

Dort auf den verwunschnen Bänken
unter alten Zarenlinden
sie verstohlen Küsse tauschen
ihre Schatten zart verschmelzen
im Gesang der Nachtigall.

An der Brücke mit dem Greif
steh ich und seh trunken
Lichter auf den Wellen tanzen
vor Auroras schwarzen Schatten
golden auf dem Newafluss.

Hiroshima, mon amour

Eingebrannt in Stein
kaum sichtbar ein Schatten nur
wo einst ein Mädchen saß,
Hiroshima, mon amour!

Stiller Protest
und dumpfer Bronzeglockenton
umrunden mahnend unsre Welt
erinnernd an den Feuerball,
in dem Amerikas Unschuld verglühte.

Ein Ruinentor,
ein Leichenfeld im Kirschblütenland
aus dem ein Mahnruf uns beschwört:
Nie sei's Soldat du, gespaltenes Atom,
das nur Arbeiter und Ärzten gehört.

Ein alter Ginkgobaum allein
wiederstand kahl und verbrannt
dem mörderischen Strahlensturm.
Ein Sterbender mit weißer Kreide nur
auf seine schwarze Rinde schrieb
die Worte: Hiroshima, mon amour!

Ja, Russland

Es kommt vor,
dass alte Melodien
im Kopf erklingen,
Sehnsucht
ergreift das Herz,
den Klang des Bajan
zu hören,
von der Tajga zu träumen
und dem Mädchen,
das für mich sang.

Es passiert,
dass ich von Steppe
wachend träume,
von unendlichen Weiten,
dichten Wäldern
und den Durst stille
im Strom mit steilen Ufern,
in dem die
Sonne badet.

Ach wie ich vermisse
Sibiriens Fröste,
den Schneesturm,
der um das Blockhaus
wie ein Wolf jault
beim Feuer
und einem Wässerchen,
der die Seele wärmt
und die Tränen
der Sehnsucht trocknet.

Spreewald

Wassergeister
alte Sagen
flaches Land
Mücken plagen.

Stille Fließe
Vögel singen
Wehre rauschen
Fische springen.

Leinöl, Knidle
Gurkensuppe
Kahnrundfahrt
Spreewaldpuppe.

Flottes Rudel
Wendentrachten
Wasserwelt
ohne Yachten.

Schlangenköpfe
Häuser schmücken
Fischkästen
und wieder Mücken.

Paddelboote
Schleusengroschen
Regenschauer
Gummigaloschen.

Froschkonzert
Kranichzüge
Rinderweiden
Fischadlerflüge.

Fette Plinsen
Post vom Kahn
Erlen fallen
vom Biberzahn.

An der Moskwa

Der Tag erwacht
und Nebelschwaden
tanzen feengleich
überm trägen Fluss.

Sterbende Blüten
von wildem Holunder
verströmen betörend
süßlich den Duft.

Lerchen begrüßen
Sonnenstrahlen
und auf den Lidern
schmilzt zarer Tau.

Wir waren eins
und noch namenlos
hungrig im Glück
schicksalsergeben.

Zauber der Liebe
auf grüner Wiese
war nur Magie
vom Wind verweht.

Puszta

Puszta-Ebene, weites Land
der Magyaren Unterpfand.
Weiße Häuser weit verstreut,
hier und da Glockengeläut.

Edle Pferde feurig wild,
Hufgedröhn das Land erfüllt.
Paprika wird angebaut,
Köchen in der Welt vertraut.

Braune Schweine lang beharrt,
Zackelschafe recht alter Art.
Sprache ist ein Zungenbrecher,
führt bei Fremden zu Versprecher.

Gastliche Höfe laden ein
zu gedecktem Tisch und Wein.
Puszta Land so flach wie schön
weckt den Wunsch zum Wiedersehn.

Traben-Trabach

Weinlagen
Moselschleife
Uraltsagen
Beerenreife.

Göttertrank
Kalkgestein
Sonnenbank
Ergriffensein.

Rieslingkultur
Weinkeller
Römerspur
Winzerteller.

Fachwerkgassen
Wandertouren
Weinterrassen
Kirchturmuhren.

Ach, St. Petersburg

St. Petersburg,
die kalte Schöne
macht das Herz
mir so schwer.

St. Petersburg,
auf rotem Granit
saß die Studentin,
so unnahbar.

S. Petersburg,
mit einem Schuss
lag sie mir im Arm,
so ängstlich.

St. Petersburg,
mit einem Kuss
nahm sie Abschied,
so plötzlich.

St. Petersburg,
auf rotem Granit
warte ich auf sie,
so hoffnungslos.

Ostseeliebe

Beim Wellenrauschen
Küsse zu tauschen,
sich in Dünen verstecken,
einander entdecken,
den Möwen zu hören,
sich Liebe zu schwören,
und ohne zu zieren
in einander verlieren,
dann ohne bedenken
sich ganz zu beschenken
und voller Entzücken
einander beglücken.

Steppe

Wege ganz in Staub gehüllt,
müde Augen endlos schauen,
Weite rings von Glut erfüllt
Menschen wie in Erz gehauen.

Wolken hoch am Himmel ziehen,
Wind treibt wilden Rosmarin,
edle Pferde ferne fliehen,
Landschaft stolze Bojarin.

Hochzeitslieder fröhlich klingen,
weit verstreut die Häuser stehn,
Lerchen himmelhoch dort singen
Mädchen braun und wunderschön.

Fern verschwimmt der Horizont
Zeit, Gedanken reisen lassen,
Weitblick wird gefühlsbetont,
will berauscht das All umfassen.

Degunino

Wenn sich
am Rande Moskaus
der Abend
im Duft von
lila Flieder badet,
fliege ich mit dir
kometengleich
umarmt von
sanfter Dunkelheit
zum Silbermond
im Rausch
der Blüten
über uns.

Spanien

In Spaniens Bergen
blühen die Mandeln
Sinne betäubend
Schnee aus Blüten.

Neben dem Wege
Rostet das Eisen,
Neugier entfachend
näher zu schauen.

Im Sand vergraben
Liegt ein Gewehr,
schon viele Jahre
Bürgerkriegsschrott.

Zwischen den Hügeln
tobten die Kämpfe
von Republikanern
und Francos Faschisten.

Ja, alte Geschichte
Ist längst verdrängt,
Spanien heute
ein Urlaubsparadies.

In ihren Ferien
kommen Deutsche,
ist längst vergessen
die Legion Condor.

In der Banja

Im Dampf des Bades
sah ich sie,
wie eine Göttin
schaumgeboren,
so nackt real
und keine Fantasie,
der erste Blick,
ich war verliebt
bis über beide Ohren.

Im Dampf des Bades
die Gestalt,
wie Venus jung
ist mir einst begegnet,
so schön und bloß
ganz ohne Scheu,
ich lächelte
und ward gesegnet.

In Versailles

Ich verlor mich
tief in Gedanken
im Schlossmuseum
von Versailles
zwischen Göttinnen
aus Marmor und
meine Blicke versanken
in Venus beim Bade.

Und als ich sie küsste
und innig umarm
spürte ich gerade
der Stein wurde warm,
begann zu leben
und die schöne Brust
im Herzschlag zu beben
und dann -
dann schrillte der Alarm.

M. Rankicus   2016

Berlin

Unter den Brücken der U-Bahn
dort in der Schönhauser,
hab ich mein erstes Mädchen geküsst.
Wenn über unseren Köpfen
der Zug donnerte mit Brausen,
erzitterten die stählernen Pfeiler
und unsere Körper auch.

In einer Nebenstraße
das Pflaster war alt und rund,
da blühte ein Löwenzahn
und ein jedes Auto umfuhr es.
Nicht aber den kleinen Jungen
aus unserem Nachbarhaus.

Unter den Brücken der Spree
dort im Schatten des Domes,
gab es Krebse ohne Zahl.
Ihr Tisch war reich gedeckt
durch die versunkenen Körper
der Weltkriegstoten.

An den Wänden des Reichstags
sind Inschriften erhalten,
von müden russischen Siegern:
Ich war hier und habe ausgespuckt!
Was man sät, das wird geerntet!
Und ein Herz von Anatoli für Galina,
die seit 1941 auf ihn wartet!

Pariser Hausboote

Auf der Seine
liegen Boote
am Kai fest vertäut.
Das sind Kähne
mit besonderer Note
und interessanter Leut.

Sie lieben
das freie Leben,
die hier gestrandet sind,
es sind Träumer eben,
sie trotzen dem Gegenwind.

Am Abend
tragen die Wogen
ihre Lieder in die Stadt,
und unter Brückenbogen
wo der Clochard sein Lager hat.

Die Lichter
vom Eifelturm blinken,
flimmern in der Seine,
und auf dem Booten trinken
sie zu Brie roten Burgunder,
bis dass die Hähne krähn.

Anna aus Gdańsk

Als ich jüngst in Danzig war
zu begrüßen das neue Jahr,
da habe ich von Anna erfahren,
sie starb mit nur vierzehn Jahren.

Anna suchte freiwillig den Tod,
denn das Mädchen litt große Not,
sie wurde vor ihrer Klasse entehrt
sie hat sich vergebens gewehrt.

Für die Jungen war es nur ein Spaß,
ein bisschen über das normale Maß,
sie haben Notzucht nur vorgetäuscht
und meinten, es wäre aufgebäuscht.

Auch der Richter sprach recht blasiert,
es sei doch nichts Schlimmes passiert,
er hatte die geile Bande beglückt
und nur eine milde Strafe aufgedrückt.

Ich aber werde niemals zuschauen,
bei Gewalt gegen Mädels und Frauen,
Anna von Danzig ist kein Einzelfall,
denn was ihr geschah,
das geschieht täglich und überall.

Im Gedenken an Anna Halman von Gdańsk,
das erste Mobbingopfer in Polen. Sie nahm sich das Leben.

Winterabend in Moskau

Deine Wimpern schneegeschmückt,
leis die Flocken frostig knistern,
wir Arm in Arm der Zeit entrückt,
wo Winterfeen von Liebe flüstern.

Spur der Schritte bald verweht,
schleierzart Laternlicht blinkt,
viel zu schnell die Zeit vergeht
doch mein Herz vor Freude springt.

Wortlos blicken wir befangen,
Liebesglut ist scheu entfacht,
frostfern glühen unsere Wangen,
kühle Küsse unter Sternenpracht.

Granada

Granada, eingebettet in den Bergen,
Stadt der Blumen und der Fantasie,
ihre stolzen Frauen heiß umworben
rotes Land der Träume und Magie.

Granada, märchenhafte Maurenfeste
mit Rosenbeeten duftumwoben
und den märchenhaften Palästen
im Zauberland dort hoch droben.

Feuriger Wein in manchem Garten,
so feurig wie das Blut der Schönen,
die mit Kämmen, den hauchzarten,
glutäugig jede Fiesta krönen.

Maurische Augen und spanischer Stolz,
bei Flamencos Kastegnettenklang
fliegen Locken, schwarz wie Ebenholz,
in der Kühle nach Sonnenuntergang.

Steppe rings umher

Sehnsuchtvoll
der Russen Lieder,
die sie in der Steppe singen.
Jagt die Troika
Staub beladen
Rosse schnaufen,
Schellen klingen.

Mädchenlachen
an den Brunnen,
wenn sie uns das Wasser bringen.
Braune Schöne
dunkle Augen
lassen fast das Herz zerspringen.

Sternenklar
die Steppenacht
Zauberwesen uns umringen.
Morgennebel
Hahngeschrei,
Zeit zur Weiterfahrt sich zwingen.

Russisches Brot

Duft der Erde
reifer Körner,
goldne Wogen
grenzenlos.

Heißer Ofen,
Zar der Kate,
sanftes Feuer
backt das Brot.

Teure Gäste
stets willkommen
auf der Schwelle
Brot und Salz.

Tag der Ernte
Fest der Freude,
Brot und Wein
reich gedeckt.

Russisches Brot
auf jeden Tisch,
Zeit des Hungerns
eingedenk.

Pilgerwege

Wunde Füße auf dem Pfad
quer durch ausgedörrtes Land
geleitet von der guten Tat
und geführt von Gottes Hand.

Tag um Tag bis in die Nacht
laben sie sich an den Quellen
bis die Abendglocke sacht
sie dann lockt in karge Zellen.

Berge, Täler manche Hürde,
über die sie sich nun quälen
mit der vielen Sünden Bürde
oder auch mit reinen Seelen.

Einsamkeit und Stillewerden
und so eigne Grenzen spüren
Pilgerlos auf fremden Erden
gastlich laden offne Türen.

Berauscht

Hoch in Georgiens Bergen
kehrt ich in ein Gasthaus ein,
da saßen die alten Männer
und tranken den hellen Wein.

Ihre Reden waren glühend
es war nicht das erste Glas,
die Toaste von Witz so sprühend
und auch von derbem Spaß.

Ein Engel mit dunklen Augen
brachte Wein mir im Krug,
er sei von den besten Trauben
ich lehrte ihn Zug um Zug.

Als die letzten Gäste gingen,
es war kurz vor Mitternacht,
mein Herz wollte zerspringen,
da hat sie mich ausgelacht.

Die schlanke Figur zum Malen,
das sah ich im Kerzenlicht,
mit Küssen durft ich bezahlen,
den Trank und das Gericht.

Georgiens Bräute und Reben,
sind in aller Landen begehrt,
sich ihnen ganz hinzugeben,
das ist Leben und lebenswert.

Und noch ein leeres Dorf

Hinter einem dichten Wald
in der Taiga tief versteckt
eine Lichtung breit und alt
sich ein hölzern Dorf erstreckt.

Blinde Fenster ohne Scheiben
alle Türen fest vernagelt
ohne jedes Alltagstreiben
und so manches Haus zerfällt.

Tiefe Stille in der Runde
nirgendwo ein Hahn nur kräht
oder wachsam bellen Hunde
allen Wiesen ungemäht.

Hinter einem lichten Hain
stehen Kreuze ohne Zahl
und so mancher Grabesstein
erzählt der Toten Schicksal.

Eine Wolke aus Atomen
hat das Dorf im Schlaf erreicht,
niemand ist dem Strahl entkommen,
alle starben, manche gleich.

Das Dorf hieß „Das Sonnige".

Die Hexenwaage

In Oudewater
Im Neederland,
da wurden die Jungfern
gewogen.
Und wen die Waage
zu leicht befand,
war, so glaubten sie,
in der Nacht
als Hexe
geflogen.

Das malerische
Käsedorf,
haben die Jungfraun
gemieden,
denn waren sie rank
und auch schlank,
ob unschuldig
oder totkrank,
dann war ihr Schicksal
beschieden.

In Oudewater
im Neederland,
da litten die Jungfern
große Not.
So mancher
hätte sie gern gefreit,
doch waren sie leichter
als zehn Käselaib,
drohte ihnen als Hexe
der Feuertod.

Seit dieser Zeit
das war zu hoffen,
hat man im schönen
Oudewater
kein leichtes
mehr Mädchen
getroffen.

Wer mit dem Schwert nach Russland kommt

Nicht mal die Hunnen
haben einst
der Russen Stolz
gebrochen,
und auch Napoleons
Grand Armee
ist tot und krank
durch Schnee und Eis
nach Hause und Paris
zurück gekrochen.
Der Deutschen
Blitzkrieg
dann erfror
im Frost vor Stalingrad.
Und schon wieder
singt ein deutscher Chor
das Lied vom
Feind im Osten.
Glaub nicht die falsche
Rattenfängermelodie,
deutscher Soldat,
es wird ganz sicherlich
nicht nur dein
Leben Kosten.

Schorfheide

Buchenforsten,
Adlerhorsten,
Silberseen,
Birkenalleen,
Wildschweinrotten,
Segelflotten,
Kiefernwälder,
Weizenfelder,
Kranichzüge,
Ballonflüge,
Eiszeithügel,
Wildgeflügel,
Jagdrevier,
Barnims Zier.

Der eherne Reiter

Stolz herab blickt der Zar Peter,
hat die Stadt im Sumpf erdacht
und die Knochen der Erbauer
stützen der Paläste Pracht.

Bräute legen Sträuße nieder
im Gedenken an den Gründer,
dem Poeten widmen Lieder
und ihn kennen alle Kinder.

Pjotr primo steht geschrieben
an dem Sockel aus Granit,
denn er herrschte nach Belieben,
als des neuen Russlands Schmied.

Unter seinem Namenszug
fand Erwähnung eine Frau,
Katharina secundo war so klug,
machte steinern, Peters Bau.

Zwei große Zaren so beliebt
vereint auf Piters Monolith.

Salzburger Klänge

Meine heißen Tränen fließen
und ergießen
sich über die Wangen,
eingefangen
von unsterblichen Noten
eines großen Toten.

Meine Augen fest
geschlossen
und jeden Zauberton
genossen,
ist in einem Regenbogen
die Seele davongeflogen.

Mit dem Verstand nicht
zu fassen
ist mein verführtes Herz
ganz Mozart überlassen.

Wenn seine Opern
erklingen
und sie mein Ich
durchdringen,
wo auch immer diese Poesie in Noten
erwacht,
blüht das Leben, wird geweint, geliebt
und gelacht.

Ahrenshoop

Dunstig weben
Nebelschleier
Windflüchter
gespenstig ein,
auf den Buhnen
schläft ein Reiher
in der Sonne
erstem Schein.

Movenflug
mit Geschrei
über bunte
Fischerkaten,
Maler samt
der Staffelei
konnten kaum
den Tag erwarten.

Sandburgen
im Modderschlick
vor den Dünen
Bernsteinsucher,
Muschelherzen
Kinderglück.

Endlosstrand
und Dünenhafer
und der Geruch
von Salz und Fisch.
Blasentang
im Wellenschlag,
flacher Strand
Muschelsucher,
Kranichgesang.
Sonnenspiegel
weiße Wolken
untern Rietdach
Backsteinziegel.

Mövennbrut
im Strandhafer
auch versteckt
nackte Schöne
unter Schirmen
Malermusen
unbedeckt.

Abendglut
im Meer versinkt
weit entfernt
ein Segel blinkt.

In den Fluten
glitzernd rot
sinkt die Sonne
vor Ahrenshoop.

Hoher Himmel,
Sterneleuchten,
Wind wiegt Schilf
in sanften Wogen
und am Bodden
Irrlichter und
Moorgeister,
wie in alten Sagen
ungelogen.

Nachts auf dem Arbat

Wir gingen vertraut,
meine Liebste und ich
im Schein der Laternen,
im Schnee unsere Schatten
im sanften Mondes Licht.

In der Stille der Nacht
erklang in den Gassen
nur das Echo der Schritte
das vergesse ich nicht.

Mein Herz tanzte
in meiner Brust
und alles drehte sich,
als tanzte ich mit dir,
so in wilder Lust,
meine Duschenka.

Die Lider geschlossen
voller Vertrauen,
lagst du in meinen Armen,
ach du mein Seelchen,
zärtlichste aller Frauen.

Vor dem Puschkinhaus
flüsterstes du leise
seine unsterblichen Worte
von Herz und Schmerz
und dem Rätsel der Liebe.

Da musst ich dich küssen
vor der verschneiten Pforte
des unglücklichen Poeten.
Erstaunen in deinen Augen
und heiß deine Lippen.
Doch wen hast du geküsst?
Ach Duschenka!

Mit deinen Lippen
den vollen kirschroten,
galt die Zärtlichkeit mir,
die ich lang erträumt
oder küsstes du vielleicht
in Gedanken den Toten?

Karlsbad

Kaum in Karlsbad angekommen,
da habe ich sogleich vernommen,
wer alles hier einst zum Kuren war,
bereits schon Peter der große Zar.
Goethe trank hier aus den Quellen
und spielte gern den Junggesellen.
Mozart kam nur kurz über die Grenze,
ihm flochten viele Damen Kränze.
Chopin begeisterte mit seinem Spiel
und der starke August trank sehr fiel.
Tolstoi wanderte in den Bergen gern
und Kafka blieb keiner Soiree fern.
Marx wollte eine Krankheit ausheilen
und Gogol den Gläubigern enteilen.
Schiller ließ sich vom der Muse küssen,
Beethoven in erotischen Genüssen.
Paganini war ein prominenter Patient
und Tolstoi, den damals keiner kennt.
Aus Brunnen trank eine illustre Schar,
der galt etwas, der in Karlsbad war.
Nun kurt mehr als die halbe Welt hier
und trinkt dazu das böhmische Bier.
Eine dreizehnte Quelle ist jetzt da,
sie heißt ganz schlicht Becherovka.

Wieder am Baikal

Schwermut
klingt aus alten Liedern
übers große Wasser
fliegt ein leiser Schall,
Bergen spiegeln sich wider
und ein Mond ein blasser,
in den Fluten wie Kristall.
Drüben weit
am anderen Ufer
wo ich einst umhergeirrt,
fließt die Angara dahin,
strömt so schnell
wie auch mein Leben
in Erinnerung verwirrt.
In der malerischen Bucht
wo die Steppengräser blühen,
brennt ein Lagerfeuer
doppelt sich im Seenspiegel
und in seinen Flammen
meine alten Träume glühen.
Nie vergesse ich den Ort
wo der Zauber einst begann,
Honiglippen, Lustgestöhn
Baikalgötter euch zum Gruß,
wo ich einst ein Herz gewann.

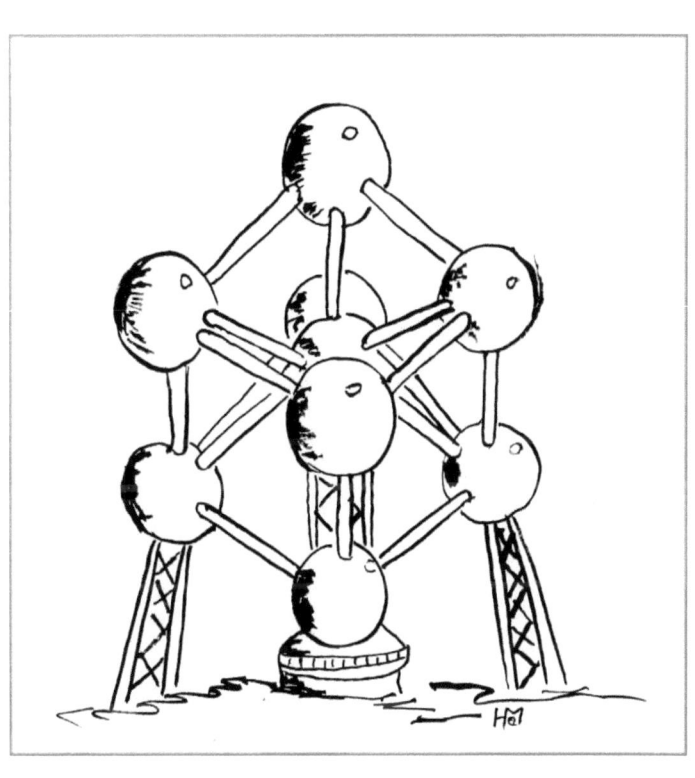

Bei Manneken Pis

Brüssels Markt
stolz geviert
Gildehäuser
goldverziert.

Henkerpforte
wohlbekannt
ist des Rathaus
Standesamt.

Feinste Spitzen
gibt es hier
lecker Fritten
und starkes Bier.

Nach Brauerfleiß
altem Gewerbe
ist Belgiens Bier
Weltkulturerbe.

Belgiens Pralinen
kennt die Welt,
Jean Neuhaus
hat sie hergestellt.

Ardenner Schinken
würzig und zart,
als Glücksbringer
gilt Buls Bronzebart.

Der Triumphbogen
im Jubelpark,
Chinas Pavillon
noch sehr apart.

Neun Kugeln
vom Atomium
sind das Symbol
fürs Milenium.

Ein Bronzekerl
klein und bloß
entzückt Touristen
wo Wasser floss.

EU-Quartiere
wie Ungeheuer
sind sehr oft leer
doch dafür teuer.

Taigawinter

Es dunkelt,
der Tag geht zur Neige,
ein Schneesturm
heult wie ein Wolfsrudel
und er spielt
auf Telegrafenleitungen
wie auf einer Geige,
für meine Leben
geb ich keinen Rubel.

Es friert,
im Pelz sitzt der Frost
und die müden Lider
tragen Wimpern aus Eis.
Kalt weht ein scharfer Nord-Ost,
steif sind alle Glieder.
Erstarrt liegt das Land und weiß.
Und hungrige Wölfe
heulen in der Ferne.

Es leuchtet
ein Licht zwischen Bäumen,
eine einfache Hütte
als Jägerquartier.
Ich glaubte zu träumen,
doch sie steht in der Mitte
einer Lichtung
und rettet mir das Leben.

Spreewasser

Aus dem Fluss
Wasser zu trinken
ist kein Genuss.
Wellen blinken,
Gefühlserguss
beim Winken.
Schnappschuss
zur Linken,
Motive im Überfluss,
Gäste betrinken
sich im Citybus,
Träume versinken.
Badende Venus
ohne zu Schminken
bereit zum Kuss.
Verse die hinken,
alles ist Stuss.

Winter in Moskau

Es ist schon im März,
der Schnee fällt leis
und weißt malend
die dunkele Stadt.

Auf dem Moskwa
glitzert blankblaue
das Wintereis,
dick ohne Ende.

Lippen sind spröde
beim kalten Kuss
und eisig die Hände.

Blendet das Weiß
die Straßen sind öde,
auch der letzte Bus
macht seine Wende.

Zarte Kristalle aus Eis
tauen auf Wimpern,
lautlos der Schritt
im tiefen Schnee.

Nur unsere Spur
folgt uns wie Schatten
in Menschenleere
leuchtet uns ein Stern.

Europalied

Wenn der Tag vorüber geht,
stets der Deutsche resümiert:
Gott sei Dank, nichts ist passiert!

Der Franzose macht das nie,
küsst lachend eine Mademoselle,
und flüstert: C'est la vie!

Der Russe sieht das ebenso,
trinkt er den letzten Wodka aus:
Slava bogu, shisn charosho!

In England sagt man vor sich hin,
bevor's zur Ehepflicht geht:
Good save the Queen!

Auf was die Russen anstoßen

Bruder, sag einen Trinkspruch auf,
trocken sind längst unsere Kehlen.
Grund zum Trinken gibt's zuhauf
erstmal auf die verblichenen Seelen.

Stehend und bis auf den Grund,
so werden sie von uns geehrt,
wer nicht mittrinkt, der ist ein Hund
und auch keine Kopeke wert.

Auf die Frauen lasst uns trinken,
wenn sie uns auch immer plagen,
der soll in den Boden versinken,
Schlechtes über sein Weib zu sagen.

Lasst die Gläser hell erklingen
auf das Wohlergehen mit Jubel,
die in dieser Runde singen,
Freunde zählen mehr als Rubel.

Und dann wird noch angestoßen
auf den Zaren aller Reussen,
auf den Peter, Peter den Großen,
der die Liebe fand in Preußen.

Doch vergesst die Kinder nicht
und beschüzt immer ihr Lachen,
dass es ihnen an nichts gebricht,
Besseres ist ja nicht zu machen.

Und so waren sie bald betrunken
von den Dingen die sie ehren
und unter den Tisch gesunken,
doch das Gute, ja das Gute
kann niemand verwehren.

Brügges Beginen

Ein stiller Hof,
die weißen Häuser
im Geviert
und eine Kirche
ohne Schmuck,
die Beguinen
längst schon tot,
sie haben mich
hierhergeführt.
Sie lebten arm,
in bittrer Not,
die frommen Frauen,
sie pflegten Kranke,
wuschen Leichen
mystisch verklärt
und oft verfolgt,
als Ketzerinnen
höchst verdächtig
und verbrannt,
sie pflegten Kranke,
wuschen Leichen,
und leisteten
den Dogmen,
ja selbst dem Papst
Widerstand.

Mein Moskau

Versteckte Höfe, so verträumt,
Boulevards recht behäbig breit
und von Verkehr umschäumt
der alten Kirchen Geläut.

Der Moskwafluss vereist,
er ist erstarrt in Schleifen,
am Arbat Puschkins Geist
und Bulawas Streifen.

Die Kremsterne blinken
im Abendsonnenglanz
und GUMs Auslagen winken
mit russischer Eleganz.

Im Alexandergarten
da ist ein Feuer entfacht,
dort wo Verliebte warten
der Helden wird gedacht.

Giselle und Schwanensee,
das klassischste Ballett,
auf dem Bolschoi im Schnee,
die Pferde im Quartett.

Im Lenné-Park

Wenn der Wind
sich müde niederlegt
und am Firmament
die Sterne funkeln,
steigt um Mitternacht
eine Elfe aus dem Teich
weißer Schatten
aus dem Dunkeln.

Wenn die Wolke
geht auf die Reise
und der Silbermond
die düstre Nacht erhellt,
erklingt der Elfe
traurig schöne Weise
Silberglöckchen klar.

Wenn ihr Gesang
den Park durchdringt,
schweigt der Wind
im Blätterwald.
Zauberklang
ergreift das Herz,
folgt dem Nymphenwink
ins kühle Grab.

In der Mancha

Weiße Mühlen auf roten Erden,
stolze Frauen auf rassigen Pferden.
Sie werfen die Rosen in den Sand
für den Torero als Liebespfand.

Die Corida de Toros hat sie vereint
und als der schwarze Stier erscheint,
da beugen sie sich noch weiter vor
und zeigen ihre Reize dem Matador.

Doch auf dem Land die ganz Alten,
ihr Mühsal zeigt sich in den Falten,
sie sitzen nun verstört vor ihren Katen,
vergessen von der Welt und verraten.

Autobahnen führen bis nach Madrid,
hier, wo einst der edle Quijote ritt.
Was hat ihnen Fortschritt gebracht,
hat darüber ener nachgedacht?

Es duftet noch immer nach Rosmarin,
doch der Reiz der Mancha ist dahin,
Durst stillt man noch immer mit Wein,
aber verloren ist der Heiligenschein.

Kinderkreuze

Auf dem Friedhof
in einem vergessenen Ort
mitten im Ural
sah ich Puppen
neben den Kreuzen
und Teddybären,
und suchte Antwort.
Denn ich konnt nicht erklären
warum soviel Gräber
in Gruppen
von Kindern hier wären.

Das Dorf
schien leer und verlassen
mit glaslosen Fenstern
und vernagelten Türen.
In den verwinkelten Gassen
konnte ich einen alten Säufer
in einer Ecke aufspüren.
Der druckste lange herum
und erzählte das nicht fern,
eine ganz geheime Fabrik
schuf giftiges Plutonium.

Und die nicht starben
zogen fort im vergangenen Winter,
zurück blieben die Kreuze der Kinder.

Dresdner Erinnerungen

Ich ging allein am Ufer der Elbe spazieren,
da sah ich ein verliebtes, junges Paar
flanieren.
Er war besorgt, so ein ziemlich dürrer
Langer,
sie sehr viel kleiner, pummelig und
schwanger.
Es wäre doch, so dachte ich,
wunderschön,
sie hier auch zu dritt einmal spazieren zu
sehn.
Ein Schauer hat mich in den Zwinger
geführt,
da hat Raffaels Madonna zu tiefst
mein Herz berührt
und im Grünen Gewölbe bei den
Juwelen,
war ich versucht, einen großen Rubin zu
stehlen.
Später traf ich, ich konnte es kaum
fassen,
meine Jugendliebe auf den Brühlschen
Terrassen.

In der Kreuzkirche lauschte ich einem
Orgelkonzert,
es waren Barbaren, die sie einst im Krieg
zerstört.
Und angesichts des Kreuzes auf dem
Dach,
da wurden verschollene Erinnerungen
wieder wach:
Tage, an die ich nie wieder denken
möchte,
ich überlebte als Kind hier
Bombennächte.
In Dresden, da wurde ich wieder
geboren,
an Dresdens Phönix, da hab' ich mein
Herz verloren.

Weiße Nächte

Sonnenlicht
will kaum weichen,
Häuserfluchten
still im bleichen
Zauberschein.

Granitene
Uferterrassen
sonnenerwärmt
sind nicht verlassen,
sondern umschwärmt
von Liebespaaren.

Newabrücken
ragen geöffnet
wie zum Entzücken
Lichter beladen
himmelwärts.

Zarenpaläste
träumen am Fluss
verwaist ohne Gäste
voller Genuss
alten Zeiten nach.

Mallorca

Olivenhaine,
schwarze Schweine,
Mandelbäume,
Urlaubsträume.

Perlenmanufakturen,
alte Kirchturmuhren,
Kartoffelfelder,
Pinienwälder.

Trockenmauern,
Gemüsebauern,
verträumte Buchten,
tiefe Schluchten.

Malrquiner Küche,
feinste Gerüche,
grüne Golfidylle,
schattige Dörferstille.

Antike Wachtürme,
heftige Herbststürme,
Endlosstrände,
Sonnenbrände.

Segelfahrten,
Kaninchenbraten,
Markttradition,
Touristeninvasion.

Meersalinen,
Apfelsinen,
Mandelblüte,
Wassergüte.

Meeresfrische,
bunte Fische,
Werbeposter,
Bergkloster.

Allas Moskau

Kremlkirchen goldbedacht,
Zarenglocke nie erklungen,
hohe Zinnen halten Wacht
rote Sterne längst gesprungen.

Heilig ruht der Zarenboden,
lauthals Krähen Kreise ziehn,
vor Denkmäler aus Perioden
feuerrot die Rosen blühn.

Zar Weliki weiß und schlank
überragt das Herrscherschloss,
seiner Glocken mächtger Klang
schweigen, wieviel Blut hier floss.

Bronzen blinkt auf der Lafette
Zar Puschka, die Gigantkanone,
niemals geschossen als Statuette,
ihr gebührt die Friedenskrone.

Kremlfeste unbezwungen,
Schönheit hier in Stein gebannt,
Russlands Herz so vielbesungen
ist der Liebsten Heimatland.

Delfter Impressionen

Zwei Dinge sind aus Delft bekannt,
das sind die blauweißen Kacheln
und ein Maler, Vanmeer genannt.
Ich war spät in Delft angekommen
und habe in der Nähe der Ould Kerk
eine kleine Pension genommen.

In dem Gotteshaus so erhaben,
das seine Türme in den Himmel sticht,
ist Jan Vermeer unter Stein begraben,
umsonst, denn er erhebt sich nicht.
Doch ist er für die Welt nicht tot,
er lebt in seinen Bildern fort.

Ein Werk von Meister Jan Vermeer
hat mich von allen sehr bewegt,
das Mädchen, das mit schöner Grazie
einen funkelnden Perlenohrring trägt.
Wer war diese Model voller Liebreiz
und dem Zauber einer Fee?

Sie ist ein großes Geheimnis seit Jahren
und Mythos umgibt die Delfter Maid,
denn viele versuchten zu erfahren,
ob sie Magd oder gar Geliebte war,
das junge Mädchen mit dem Turban
und mit dem teuren goldenen Kleid.

Der rehscheue Blick lässt die Frage
entstehn,
waren die Holländerinnen so naiv und
schön?
Nicht seine Magd Grit ist die Schöne,
wie so Delfter Geschichten erzählen,
die das einzigartige Gemälde zeigt
und das Kritiker stets wieder wählen
zum vollkommnsten Bild aller Zeit.

Mit diesem einen Bild verstand ich,
was Kunst ist.

Der singende Samowar

Wenn sich der Wind
unter den Bäumen
zur Ruhe legt
und das Abendrot
dem Himmel verbrennt,
dann tritt Friede ein.

In den Häusern
kommt die Familie
am gedeckten Tisch,
auf dem der Samowar
anheimelnd
sein Liedchen summt
zusammen.

Es ist still
und alle lauschen
der Melodie zum Tee,
die Ruhe ausstrahlt
und Wärme
und Geborgenheit,
welch Zauberer
dieser Teekocher.

Venedig

Blasse Sonne
schönt Venedig,
Touristenwonne
Postkartenblick.

Wasserlachen
auf St. Markus,
Gondelnachen
im Überfluss.

Rialtobrücke
ächst schwer
ohne Lücke
Touristenheer.

Gondoliere
traditionsbewußt,
der Stadt zur Ehre
Gesang mit Lust.

Marode Paläste
Dogendenkmal,
Wände durchnässte
an jedem Kanal.

Gurrende Tauben
auf der Piazza
Besuchertrauben
füttern ein paar.

Veneziens Löwe
auf Pidestahl
lachende Möwe
auf Gondelpfahl.

Drangvolle Enge
in den Gassen
Tavernengedränge,
Luxusbarkassen.

Muranoglas
falsch und schön,
Fernostkameras
Motive versöhn.

Canale Grande
spiegelt Idylle
knüpft blaue Bande
bar jeder Stille.

Paläste zerfallen
die Poeten gepriesen
vor den Kanälen
weiße Ozeanriesen.

Gondeln in Trauer
in der Lagune,
Mythos überdauert
sinkende Kommune.

Ach, Du mein Baikal

Ich sah die Münze sinken
mir schien, bis auf den Grund
und aus der Tiefe blinken
der Nixe süßen Mund.

Es heißt, nun kehr ich wieder
zu dem Väterchen Baikal
und hör verwunschne Lieder
der Meerjungfraun Choral.

Die Zeit ist längst vergangen
und niemals war ich dort,
doch quält mich das Verlangen
und Sehnsucht nach dem Ort.

Wo ich an Ufern träumte
in Buchten malerisch versteckt,
von Nixen, die Tang umsäumte
bis mich Dein Kuss geweckt.

Pusztazauber

Mein Herz kann nicht umarmen
der Puszta-Ebene ruhige Welt,
den Sonnenstrahl den warmen,
der das Land verzaubernd erhellt.

Mein Herz findet endlich Ruhe
vergessen auch Hast wie Zeit,
hier atmet Natur, kein Getue
ist nur Harmonie weit und breit.

Am dunklen Himmel leuchten
nicht mehr gesehene Sterne
und in den Augen den feuchten
spiegelt sich unendliche Ferne.

Romeos Haus

In Veronas
alten Gassen
drängen sich
tagein tagaus,
nicht zu fassen
Menschenmassen
zu Julias Haus.

Und ein paar
Schritte weiter
herrscht Kühle
und Stille
ohne Gewühle
und vor Romeos
schlichtem Haus
liegt wie vergessen
mein Rosenstrauß.

Forte della morte!

Moskauer Glocken

Im Abendschein
der Glockenklang,
wo ich das Glück
der Liebe fand.

Der Pope zieht
den Glockenstrang,
die Stadt erfüllt
ihr Hochgesang.

Der Glockenton
klingt so vertraut,
der mich erfüllt,
als ich getraut.

Dein Silberton
in der Abendstund
weckt zärtlich mir
Erinnerung.

Ich hör von fern
Glockengeleit
und träume von
der Jugendzeit.

Der Bronzeton
verhiess stets Glück,
verklungen ist's,
kehrt nie zurück.

Im Abendrot
der Glockenklang,
er rührt mein Herz,
so selig bang.

Graal Müritz

Wellenbrecher,
Torfstecher,
Blasentang,
Reusenfang,
Windflüchter,
Schafzüchter,
Sanddünen,
Sommerbühnen,
Nacktbaderei,
Kindergeschrei,
Seebrücke,
Bersteinstücke,
Muschelsuchen,
Bäckerkuchen,
Meeresrauschen,
Strandkorbtauschen,
Mövenschrei,
Aquarellmalerei,
Sanddornbüsche,
Fischgerüche,
Bäderarchitektur,
Genesungskur,
Rieddächer,
Softeisbecher,
Rhododendronhain,
Feuerstein.

Kremlsterne

Hoch oben auf den Kremltürmen,
da blinken die Sterne rot rubin,
sie leuchten wie von Feuerstürmen
des Nachts über ganz Moskau hin.

Es waren einst echte Rubine,
die ihr Licht der Finsternis gaben,
doch mit ihrer ganzen Routine
stahlen alle die frechen Raben.

Weit entfernt vom Roten Platz
am Moskwaufer wurde gefunden,
der Kremltürme Edelsteinschatz,
der so rätselhaft verschwunden.

Und in so manchen Garten
oder verwunschenem Hain,
das war nicht zu erwarten
liegt heut ein kostbarer Stein.

Wenn die Nacht zum Tag wird

Zauberzeit in
Petersburg,
Nächte hell
und dennoch
für die Liebe
wie gemacht.

Dämmerlicht
kein Lampenlicht,
auf Boulevards
die halbe Stadt
Musik erklingt
es wird spaziert,
geflirtet, geliebt
und getanzt
die ganze Nacht.

Prunkpaläste
im Schleierdunst,
Newabrücken
himmelwärts
emporgezogen,
Zar Peters Stadt
in voller Pracht.

Gardasee

Weinberge bis ans Zitronenmeer,
das glatt in sommerlicher Glut,
mit typisch südländischem Flair
zwischen schroffen Bergen ruht.

Ein zauberhaftes Nixenreich,
das Dörfer säumen wie Edelsteine
mit reinstem Wasser seidenweich
und an den Hängen Olivenhaine.

Ein Wolkenspiegel so ungetrübt
auf dem die Boote ruhig ziehn,
ein Frühlingssee, der Charme ausübt
die Landschaft voller Harmonien.

Die alten Villen prachtvoll blinken
aus dichtem Grün der Zypressen,
die Seele kann sich hier betrinken,
Gardesee, wer will sich mit dir messen?

Bei Mozart

Unter der Feste
liegt die Stadt
in ihrer Geschichte
heute begraben.

Buntes Gewimmel
in alten Gassen
Mozarttouristen
auch aus Fernost.

Auf dem Domplatz
gähnen die Pferde
vor ihren Chaisen,
es stinkt nach Urin.

Leuchten die Rosen
am Schloss MIrabell,
erklingen im Garten
Mozarts liebliche Noten.

In edlen Boutiquen
gepfefferte Dirndl
und in Passagen
hocken die Bettler.

Reich an Museen,
Klöster und Kirchen,
Kitsch und Modernes
in Art-Galerien.

Stürmische Salzach
trüb aus den Bergen
teilt die Stadt Salzburg
als lebendiger Quell.

Doch ihre Brücken
schwingen verbindend
Altes und Neues,
auch Luxus und Not.

Auf der Wolga

Sehnsuchtsvoll
die Lieder klingen
übers stille Wasser
schallt die Melodie,
und die Mädchen,
die dort singen
fremde Worte
nah wie nie.

Regungslos
Fischer lauschen
himmlich Stimmen
Engelsgesang,
prallvoll die Netze
goldner Karauschen
alle verzaubert
von diesem Klang.

Taunass
die alte Weide,
badet der Mond
im silber Fluss,
sie verneigt sich
zu der Weise
ehrentbietend
ist ihr Gruß.

Insel Olchon

Schamanenfels
und Zobelpelz,
Burjatensegen
und Erdbeben,
Wanderpfade
und Baikalbalade
Katorgaketten
und Kultstätten,
Touristengewerbe
und Weltnaturerbe,
Angaraquelle
und Omulforelle,
Forschungsstationen
und Umweltaktionen,
Wunderstories
und Naturparadies.

Rügen

Ostseeküste,
Jungfernbrüste,
Sonnenspiegel,
Backsteinziegel,
Fischgerichte,
Hansegeschichte,
Bernsteinsucher,
Frühbucher,
Modderschlick,
Kinderglück,
Rieddächer,
Torfstecher,
Buchenwälder,
Roggenfelder,
Rügendamm,
Heilschlamm,
Ausflugsschiffe,
Kreidecliffe,
Nacktbaden,
Musikparaden,
Badegäste,
Strandfeste,
Seebrücken,
Parklücken,
Sanddornhecke,
Dünenverstecke.

Strandhafer,
FKK-Gaffer,
Strelasund,
Strandgutfund,
Schmalspurbahn,
Andenkenwahn,
Boddenseen,
Moorfeen,
Mövenschrei,
Aktmalerei,
Eisverkäufer,
Strandläufer,
Heringsfang,
Sonnenuntergang,
Leuchtturm,
Wattwurm,
Plattfische,
Sommerfrische,
Wellenschlag
Aquapark.

Moskau, meine Trauer

Hier liegen sie alle begraben
unter Granit und Marmor schwer,
die einst die Welt verändert haben
mit Feder und Noten und Gewehr.

Wo einst die Jungfrauen starben
ist heute ein stiller Hain,
blüht Flieder in allen Farben
an schwarzen eisernen Kreuzen
und manchem behauenen Stein.

Hier kommt der Moloch zu Ruhe
umtost von brausendem Verkehr,
die zarten steinernen Schuhe
einer Ballerina führen mich her.

Als Schwan ist sie unsterblich
und in Carrara fein modelliert,
halb Schwan und halb Fee,
die ich umarme und zart küsse,
doch ihre Lippen bleiben kühl,
dass das heiße Blut mir gefriert.

Hörselberg

Ich hat sie nie zuvor gesehn
in dieser hellen Mondennacht
und dennoch ist es uns geschehen,
das Wunder, das die Liebe macht.

Der Hörselberg sah schweigend zu,
wie wir uns scheu noch küssten,
ein wundersames Rendezvous,
wo wir bald nach mehr gelüsten.

Ich fragte leise, wie sie heißt,
sie legte nur ab das Mieder:
Genieß die Nacht, ich bin ein Geist
und küss mich immer wieder!

Im Rausche rasten wir durchs All
und lagen erschöpft im Gras,
von fern sang eine Nachtigall
Venus erblasste, rot erschien Mars.

Sibirien

Verschneit sind alle Pfade
der weiten Taiga frostig starr,
an Jennisseis eisstarren Gestade
wo ich recht einsam war.

Der Schneesturm und die Wölfe
heulten wütend fern und nah,
ich sah auch der Räuber Fährte
und spürte dicht die Gefahr.

Doch als der Wind sich legte,
ganz plötzlich so wie er kam,
sah fern ich Lichter leuchten
der donnernden Transib-Bahn.

Im Schneestaub des eilenden Zuges
führt mich das Gleis zur Hütte,
erfreut in trostloser Einsamkeit
genoss ich des Jägers Güte.

Grausam die Natur auch scheint,
in Russlands fernfernsten Ecken
da leben Menschen stark und gerecht,
da kann sich niemand verstecken.

Altlandsberg

Wenn schon bläut die Abendstunde,
entzündet er die alte Latern
und macht seine Nachtwachrunde
mit Gästen aus nah und fern.

Es schweigt die Stadt im Mondenlicht,
ein Käuzchen schreit fern im Gebüsch,
die Sommernacht schreibt ihr Gedicht,
so sanft, so friedlich und himmlisch.

Paris

In Paris an der Seine
da liegen die Kähne
ganz ohne Kapitäne
wie flugmüde Schwäne.

Und die dort wohnen
sind recht zu belohnen,
für ihre Inspirationen
einer Welt ohne Dublonen.

Sie alle, Maler und Dichter,
auch Musiker und Richter
sind freundliche Gesichter
und keine Naturvernichter.

Sie lieben das Leben
und züchten dort Reben
und niemals vergeben
sie Bomben und Beben.

Angara

Kristallklar strömt Angara
auf dem Grund
rollen farbige Kiesel,
so eilt sie geschwind
durch die Taiga,
Labsal für Mensch
und für Wiesel.
Ein rotes Kopftuch,
es leuchtet so hell
am steilen Ufer
beim ungestümen Fluss.
Und ebenso wie er
unbändig und wild,
verweigert sie mir einen Kuss.

Troika

Schnee spritzt unter den Hufen,
es schnaufen drei Pferde an Strang,
auf blankem Eis kreischen die Kufen
und aus dem Pelz klingt dein Gesang.

Dazu die tönen Glöckchen am Zaum
eine leise Melodie in finsterer Nacht,
es scheint mir wie ein Wintertraum
doch plötzlich bin ich aufgewacht.

Die dunklen Wolken lichten sich
und auch der Schnee schläft ein,
oben am Firmament so dicht an dicht
erwachen Sterne mit fernem Schein.

Deine Lippen sind eisig, als ich sie berührt
und doch erwärmt Dein Kuss mir die Nacht,
eine Sternschnuppe hat dich dazu verführt
und der rasenden Troika magische Macht.

Barnim

Sanfte Hügel
klare Seen
von der Eiszeit hinterlassen,
dichte Wälder
wildreich stehn
Dörfer mit verwunschnen Gassen.

Feldsteinkirchen
Herrenhäuser,
blühend Raps als Bienenweide,
Streuobstwiesen
muntre Bäche
einladend die weite Heide
und die Luft ist rein wie Seide.

Piters Denkmale

Krylow sitzt im Sommergarten,
denkt sich neue Fabeln aus,
scheint auf Puschkin dort zu warten
nicht auf den Zaren Nikolaus.

Gogol, der den Newski hasste,
ziert den Boulevard nun hier,
und Zar Peter, der Erblasste,
baut sein Boot am Newapier.

Auf der Brücke der Fontanka
vierfach Rosse sind gezügelt
und die große Katharina
scheint vor Isaak beflügelt.

Doch der Strauß der jungen Braut
ein Bukett aus weißen Rosen
gilt dem, der die Stadt gebaut,
Reussenzar, Peter dem Großen.

Am Ostseestrand

Am Strand des Meeres schlief ich
durch monotonen Wellenschlag
bis liebkosend mich umschlingend,
schwoll aus der See die Flut.
Und träumend in dem weichen Sand
umarmt mich eine Meerjungfrau,
spürt ich den innig salzig Kuss,
bis ich frierend erwachte
nass vom Scheitel bis zum Fuß.

Die Schleifen der Moskwa

Still ist der Abend hoch über dem Fluss
und neben mir Dein liebes Gesicht
im Westen die Sonne mit letztem Gruß:
Komm küss mich und ziere Dich nicht!

Und mit dem letzten Abendrot
schicken wir Träume auf die Reise,
vom Leben zu zweit trotz bitterem Verbot
der im Kreml herrschenden Greise.

Und wie der Fluss stets wiederkehrt
so kehre auch ich bald zurück
mein liebes Kind, sei unbeschwert,
Moskaus Himmelsleuchten,
es bedeutet Glück.

Capella, die kleine Ziege

Als gelber Riese
am Sternenhimmel,
Lichtjahre entfernt,
bist du mir nah.
Ich habe dich
meiner Liebsten geschenkt,
das fand sie wunderbar.
Gott Zeus,
den eine Ziege ernährt,
hat den Stern
zum Dank ins All gestellt,
im Sternbild des Fuhrmanns
strahlst sonnenhell fern
am weiten Himmelszelt.
Und wirst du erlöschen
im Firmament,
wir werden es nicht erfahren
doch die Liebe
unter deinem Stern,
die werden wir ewig bewahren.

Das Kloster Sergijew Possad

Zwiebelkuppeln
sternverziert
Klostergärten
im Geviert.

Glockenläuten
andachtstreu,
arme Pilger
beten scheu.

Feiste Popen
goldbestickt,
singen Gebete
weltentrückt.

Bettelfrauen
schwarz gewandet,
Invaliden
hier gestrandet.

Klosterbauten
geschichtsbeladen,
auf den Zinnen
nisten Raben.

Weiße Mauer
fronerrichtet,
Torkirche
oft bedichtet.

Rublow Ikone
mönchkopiert,
Eremitengrab
recht arrangiert.

Klosterkunst
wertgeschätzt,
Touristenströme
durchgehetzt.

Kirchenschiffe
juwelenbeladen,
Weihrauchdunst
dicht in Schwaden.

Hochzeitspaare
frischvermählt,
Brautstraußspende
ausgewählt.

Kleingeschwenda

Im Roten Hirsch zur grünen Tann,
da hab ich zu Mittag gegessen,
am anderen Tische, gleich nebenan,
da hat sie im Dirndl gesessen.

Sie zwinkerte mit den Augen mir,
ich habe das Lächeln erwidert,
und in mir erwachte die Neugier,
denn sie war so fein gegliedert.

Ich merkte gleich, sie war gut erzogen
und mit den Blicken hin und her
ist bald mein Herz zu ihr geflogen,
ihre Miene verrieten auch ihr Begehr!

Wir trafen uns in der Abendstund,
da hab ihre Hand ich ergriffen
und im verschwiegenen Wiesengrund,
hat ihr Hemdchen sie abgestriffen.

Wir haben uns in die Augen geschaut
und begannen uns zu berühren,
und bald, da lagen wir Haut an Haut
und ließen uns von Amor verführen.

Roter Mond über der Newa

Ein roter Mond
in weißer Nacht
unwirklich thront
in prächtger Wacht,
zweimal spiegelnd sich
im grauen Newawasser
und im Geisterlicht
des längst verlorenen Tages.

Ein roter Mond
in hohem Bogen
zieht ruhig ohne Schranken
die immer gleiche Bahn
und zu ihm fliegen
Wünsche und Gedanken
in Liebe süßen Wahn.

Ein roter Mond
mit seinem Lauf
hat schon alles gesehen
was in St. Piter einst zuhauf
von Zaren und von Bolschewiki
an Unrecht ist geschehen.

Und dennoch scheint er immer wieder.

Im Sapsan

Als Nikolaus
lies bauen die Eisenbahn
zwischen Moskau und Petersburg,
dachte der Zar bestimmt nicht daran,
dass hier einmal rast der Sapsan.

Die Landschaft
fliegt nur so vorüber
so scheint es, Weiler, Wald und Seen,
die russische Weite so zauberhaft
und mir genau gegenüber
sitzt ein Engel, so zart und so schön.

Die Augen
der fremden Schönheit
sind hinter der Zeitung verborgen,
sie las schon eine Ewigkeit
und dennoch merkte sie wohl doch,
wie ich sie mit blicken umworben.

Das Blatt
ließ sie dann sinken
sie lächelte mich freundlich an
und ich schien zu ertrinken
in ihrer Augen magischem Bann.

Kein Wort
störte die Stille
beim unsrer Blicke Rendezvous,
als herrscht ein höherer Wille,
mit stummen Lippen sprachen wir
von Liebe, Freiheit und Genuss.

Und bis St. Petersburg
hat sie kein Wort gesprochen,
die russische Sehenswürdigkeit,
sie hat das Herz mir gebrochen.

Sie drehte sich nur kurz winkend um,
ich sah sie in der Menge gehn,
die schöne, rätselhafte Unbekannte
nie habe ich sie mehr gesehen.

Doch in so mancher Nacht
seh ich noch dieses Augenpaar,
das mich um den Schlaf gebracht
sehr lange Jahr für Jahr.

Sapsan - russ. Wanderfalke

Tbilisi

Hinter dem Berg, dem glühenden
das Abendrot entflammt,
die Wiesen hoch, die blühenden
sie stehen in hellem Brand.

Und aus dem Tal steigen
der Duft der wilden Rosen
und abendliches Schweigen
nur Bäche hört man tosen.

Durch Tiflis Gassen weht
der Wind als Hauch der Nacht,
ein blasser Mond, der steht
dort oben, wo die Feste wacht.

Waldmeer Taiga

Taiga
menschenleer,
ein zedernreiches
Waldmeer,
ozeangleich.
Landschaft
jungfräulich
unberührt,
mit Flüssen
voller Urkraft
denen Ehre gebührt.
Bodenschätze
ungehoben,
endlose Sümpfe
Sagen umwoben.
Raubbau an Holz
und wilden Tieren,
der ganze Stolz
auf den stieren
Weltkonzerne
ohne Moral
vom Ural
bis hinterm Baikal.

Pere-la-chaise in Paris

Er wurde um den Schlaf gebracht,
dachte er an Deutschland in der Nacht.
Nun würde er sich im Grab umdrehn,
könnt' er sein Vaterland heut sehn.

Wir hören nicht mehr Loreley singen,
Lärm am Rhein würde sie umbringen.
Zu laut sind jetzt Schiene und Kahn,
was haben wir der Jungfer angetan.

Die Pfaffen trinken immer noch Wein
und vernaschen gern Chorknäbelein.
Sie haben zwar Zölibat geschworen
und werden in der Hölle schmoren.

Die Geldsäcke wie sein Onkel war,
die sind auch wie früher unangreifbar.
Die Banker bestimmen die Weltpolitik
und sie sind gefeit gegen jede Kritik.

Drum lieber Heine, bleib wo du bist,
obwohl deine Feder wird hier vermisst.
Es gibt nicht mehr so bissigen Streiter,
zum Glück leben deine Werke weiter.

An der Moldau

Sonnenreflexe
kräuselnde Wellen
und ein Papierboot
mit einer Hexe.

Sonnenreflexe
winziges Boot.
Wohin geht die Reise?
Da lachte die Hexe.

Sonnenreflexe
vergoldeter Fluss
und zur Nixe
wurde die Hexe.

Sonnenreflexe
schön war die Nixe
verzauberte jeden
wie eine Hexe.

Sonnenreflexe
Mund wie Korallen
lud ein zum Kuss
sie war wieder Hexe.

Zuflucht

Wald,
mein Freund,
der Stille heißt,
Zuflucht ist,
vertrauter Geist.

Stadt,
mein Leid,
das Atem stiehlt,
Moloch brüllt,
mit Ängsten spielt.

Meer,
mein Feind,
der stürmisch tost,
Gefahr verheißt,
das Herz bedrohst.

Stille

Der Petersburger Morgen
dämmert rosa herauf
am Ufer der Newa
und Tropfen des
nächtlichen Taus
netzen Blätter und Bänke
des Sommergartens.

Die Vögel grüßen
mit Gesang den neuen Tag
und von irgendwo her
erklingt Musik,
Pjotr Tschaikowskis
unsterbliche Noten.

Und dann plötzlich Stille,
absolute Stille,
das Beste, was ich
in dieser ruhelosen Welt
jemals gehört habe.

Weitere Lyrikbände
von Hartmut Moreike

„Liegengelassenes Aufgehoben"
ISBN 978-3-7412-1395-3

„Vom Wegesrand gepflückt"
ISBN 978-3-7528-7056-5

„Ziellos unterwegs"
ISBN 978-3- 7494-2002-5

„Pusteblumen im Wind"
ISBN 978-3- 7494-2005-6

In Arbeit: **„Amourelles"**
Erotische Lyrik und Zeichnungen

Sie und weitere Bücher des Autors können
bezogen werden über alle oline-Portale wie
amazon, Thalia, das buch, exlibris sowie über alle
Buchhandlungen unter Angebe der ISBN-
Nummer.

Umschlaggemälde und alle Zeichnungen in Rötel
(schwarz-weiß übertragen), Tinte, Tusche und
Linol-Cut, Kohle, Graphitstift vom Autor.

Kontakt: hartmut.moreike@kabelmail.de